Addition & Subtraction

Dr Bill Gillham

Back to arithmetic

'Arithmetic' has become an unfashionable term during the last twenty years, being associated with laborious 'mechanical' sums.

No-one wants to return to that drudgery; for handling big numbers calculators are both quicker and more accurate than pencil-and-paper calculation.

But calculators are used more effectively if the user has a good grasp of the working principles of arithmetic.

And small calculations are best done by hand or 'in your head'.

Using this book

This workbook is not simply a collection of 'sums'. It has two main purposes:
— to develop *understanding* of the basic processes of calculation (or arithmetic) by providing examples that require *thought* rather than mechanical working;
— to develop *fluency* in simple 'four rules' mental arithmetic by means of one-minute speed tests: the child has to see how many he or she can get right in one minute. A process hasn't been mastered until simple examples can be worked quickly, accurately and without effort.

Do a page a day finishing off with a speed test.

At the end of each section is a 'big numbers' calculator test.

This Headway edition first published 1989
by Hodder and Stoughton Educational,
a division of Hodder and Stoughton Ltd,
Mill Road, Dunton Green, Sevenoaks, Kent

ISBN 0 340 50496 X

Copyright © 1984 W E C Gillham

All rights reserved. No part of this publication may be reproduced or transmitted in any form or by any means, electronic or mechanical, including photocopy, recording, or any information storage and retrieval system, without permission in writing from Hodder and Stoughton Ltd.

Printed and bound in Great Britain by CW Print Group, Loughton, Essex.

Do a page a day and record your daily progress on the one-minute speed test

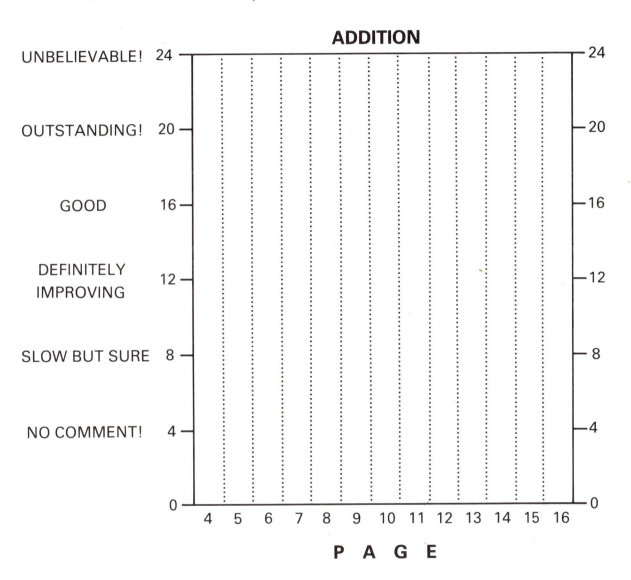

To the parent: The speed test must be timed *exactly* for one minute with a seconds hand or stop-watch.

To the child: Make a bar graph shading in your daily score: the number correct in one minute.

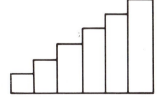

Example

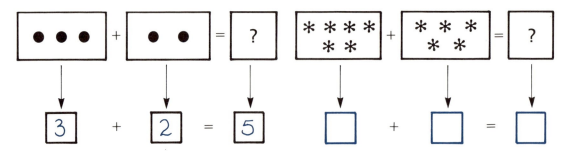

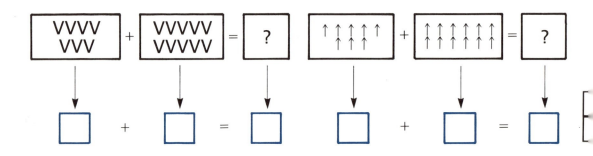

One Minute Speed Test Score = total correct in one minute *exactly*

1 + 9 = ___	2 + 13 = ___	10 + 3 = ___	9 + 13 = ___
14 + 4 = ___	9 + 7 = ___	2 + 5 = ___	3 + 11 = ___
5 + 5 = ___	6 + 14 = ___	11 + 0 = ___	3 + 7 = ___
4 + 12 = ___	8 + 8 = ___	6 + 9 = ___	6 + 7 = ___
11 + 5 = ___	8 + 4 = ___	2 + 18 = ___	7 + 7 = ___
7 + 2 = ___	4 + 3 = ___	5 + 8 = ___	6 + 3 = ___

Can you do these snake sums?

Example

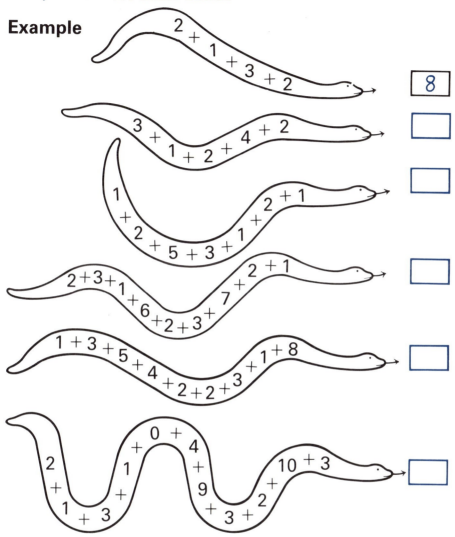

One Minute Speed Test Score = total correct in one minute *exactly*

2 + 13 =	11 + 0 =	11 + 5 =	8 + 8 =
3 + 11 =	9 + 7 =	6 + 3 =	1 + 9 =
7 + 7 =	4 + 12 =	5 + 8 =	2 + 5 =
5 + 5 =	8 + 4 =	7 + 2 =	6 + 13 =
10 + 3 =	14 + 4 =	4 + 3 =	6 + 7 =
2 + 18 =	6 + 6 =	9 + 14 =	3 + 7 =

5

Example

	4	+	4	=	8	5	+	**3**	= 8
1	☐	+	3	=	9	4	+	☐	= 9
2	☐	+	5	=	10	2	+	☐	= 10
3	☐	+	7	=	12	9	+	☐	= 12
4	☐	+	7	=	14	4	+	☐	= 14
5	☐	+	9	=	18	10	+	☐	= 18
6	☐	+	10	=	20	1	+	☐	= 20
7	☐	+	8	=	24	20	+	☐	= 24
8	☐	+	5	=	25	15	+	☐	= 25
9	☐	+	17	=	27	12	+	☐	= 27
10	☐	+	0	=	30	30	+	☐	= 30
11	☐	+	16	=	32	4	+	☐	= 32
12	☐	+	25	=	40	8	+	☐	= 40

One Minute Speed Test   Score = total correct in one minute *exactly*

2 + 13 =	5 + 8 =	7 + 7 =	6 + 14 =
14 + 4 =	7 + 2 =	10 + 3 =	3 + 11 =
11 + 5 =	3 + 7 =	6 + 3 =	8 + 4 =
8 + 4 =	4 + 12 =	8 + 8 =	6 + 7 =
6 + 7 =	9 + 7 =	5 + 5 =	2 + 18 =
6 + 13 =	1 + 9 =	6 + 9 =	
4 + 3 =	11 + 0 =		

The answer goes in the middle

Example

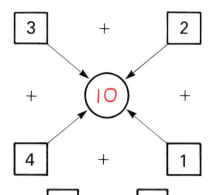

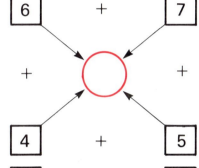
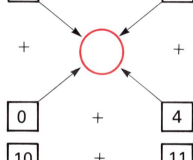
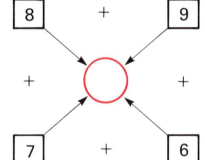
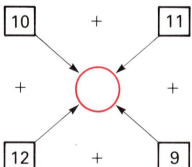

4

One Minute Speed Test   Score = total correct in one minute *exactly*

10 + 3 =	2 + 13 =	6 + 7 =	5 + 5 =
6 + 13 =	11 + 5 =	5 + 8 =	9 + 7 =
4 + 3 =	8 + 8 =	1 + 19 =	6 + 14 =
4 + 12 =	3 + 11 =	7 + 2 =	14 + 4 =
6 + 3 =	3 + 7 =	6 + 9 =	11 + 0 =
7 + 7 =	2 + 18 =	8 + 4 =	2 + 5 =

Example

Add six to each of these numbers:

3 →   5 →   9 →

1 Add seven to each of these numbers:

9 →   7 →   12 →

2 Add ten to each of these numbers:

8 →   11 →   0 →

3 Add twelve to each of these numbers:

12 →   8 →   15 →

4 Add thirteen to each of these numbers:

7 →   12 →   17 →

One Minute Speed Test   Score = total correct in one minute *exactly*

1 + 9 =	6 + 3 =	5 + 5 =	11 + 5 =
9 + 9 =	5 + 8 =	4 + 3 =	8 + 8 =
6 + 14 =	14 + 4 =	2 + 5 =	2 + 18 =
4 + 12 =	11 + 0 =	7 + 2 =	9 + 7 =
3 + 7 =	8 + 4 =	2 + 13 =	3 + 11 =
9 + 13 =	7 + 7 =	6 + 7 =	10 + 3 =

8

Cross-over sums have two separate answers

Example

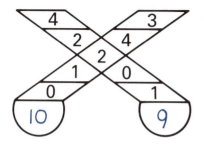
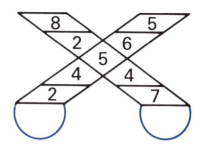

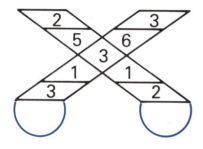
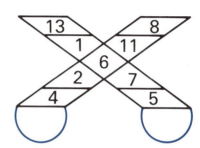

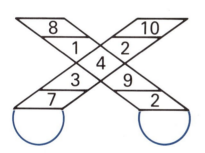
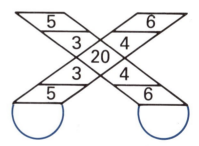

One Minute Speed Test   Score = total correct in one minute *exactly*

2 + 13 = ___	2 + 5 = ___	3 + 11 = ___	10 + 3 = ___
14 + 4 = ___	3 + 7 = ___	2 + 18 = ___	6 + 6 = ___
8 + 8 = ___	7 + 2 = ___	7 + 7 = ___	6 + 7 = ___
9 + 13 = ___	11 + 0 = ___	6 + 14 = ___	9 + 7 = ___
4 + 3 = ___	5 + 5 = ___	11 + 5 = ___	9 + 3 = ___
1 + 9 = ___	8 + 4 = ___	4 + 12 = ___	5 + 8 = ___

Fill in the boxes to find the missing number

Example

? + 6 = 9 → ? = [9] − [6] = [3]

1. ? + 5 = 11 → ? = [11] − ☐ = ☐
2. 4 + ? = 12 → ? = ☐ − ☐ = ☐
3. 7 + ? = 15 → ? = ☐ − ☐ = ☐
4. ? + 12 = 20 → ? = ☐ − ☐ = ☐
5. ? + 9 = 27 → ? = ☐ − ☐ = ☐

Example

? + 3 + 4 = 10 → ? = [10] − [3] − [4] = [3]

1. ? + 5 + 6 = 15 → ? = [15] − ☐ − ☐ = ☐
2. 7 + ? + 2 = 16 → ? = ☐ − ☐ − ☐ = ☐
3. 6 + 8 + ? = 20 → ? = ☐ − ☐ − ☐ = ☐
4. ? + 10 + 9 = 25 → ? = ☐ − ☐ − ☐ = ☐
5. 8 + ? + 12 = 30 → ? = ☐ − ☐ − ☐ = ☐

One Minute Speed Test Score = total correct in one minute *exactly*

5 + 5 = ___	9 + 7 = ___	2 + 13 = ___	1 + 9 = ___
6 + 14 = ___	4 + 12 = ___	11 + 0 = ___	5 + 8 = ___
10 + 3 = ___	3 + 11 = ___	6 + 6 = ___	2 + 5 = ___
3 + 7 = ___	14 + 4 = ___	6 + 3 = ___	4 + 3 = ___
8 + 4 = ___	9 + 13 = ___	11 + 5 = ___	9 + 7 = ___
7 + 7 = ___	8 + 8 = ___	7 + 2 = ___	2 + 18 = ___

How many do you have to add to the smaller number to make the balance equal?

Example

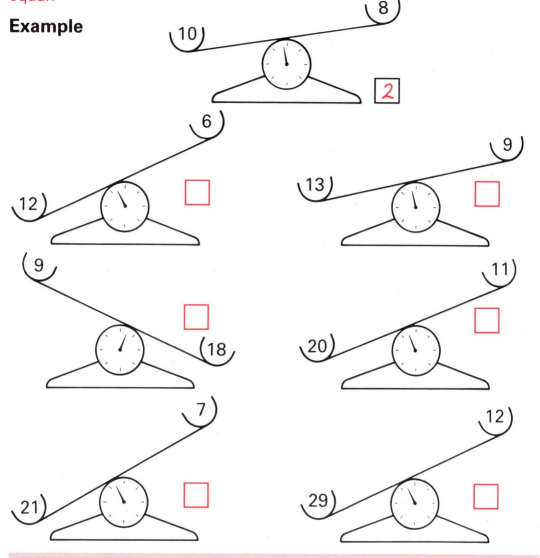

One Minute Speed Test Score = total correct in one minute *exactly*

6 + 7 = ___	4 + 12 = ___	11 + 0 = ___	1 + 9 = ___
4 + 3 = ___	5 + 5 = ___	2 + 18 = ___	6 + 6 = ___
14 + 4 = ___	6 + 3 = ___	6 + 14 = ___	8 + 8 = ___
3 + 11 = ___	6 + 13 = ___	6 + 7 = ___	5 + 8 = ___
7 + 2 = ___	8 + 4 = ___	3 + 7 = ___	7 + 7 = ___
11 + 5 = ___	2 + 13 = ___	10 + 3 = ___	2 + 5 = ___

Give three different combinations that add up to the same amount

Example

| 3 + 3 = 6 | 4 + 2 = 6 | 6 + 0 = 6 |

1. ☐ + ☐ = 8   ☐ + ☐ = 8   ☐ + ☐ = 8
2. ☐ + ☐ = 11   ☐ + ☐ = 11   ☐ + ☐ = 11
3. ☐ + ☐ = 15   ☐ + ☐ = 15   ☐ + ☐ = 15
4. ☐ + ☐ = 18   ☐ + ☐ = 18   ☐ + ☐ = 18
5. ☐ + ☐ = 20   ☐ + ☐ = 20   ☐ + ☐ = 20
6. ☐ + ☐ = 24   ☐ + ☐ = 24   ☐ + ☐ = 24
7. ☐ + ☐ = 37   ☐ + ☐ = 37   ☐ + ☐ = 37
8. ☐ + ☐ = 42   ☐ + ☐ = 42   ☐ + ☐ = 42
9. ☐ + ☐ = 50   ☐ + ☐ = 50   ☐ + ☐ = 50
10. ☐ + ☐ = 63   ☐ + ☐ = 63   ☐ + ☐ = 63
11. ☐ + ☐ = 75   ☐ + ☐ = 75   ☐ + ☐ = 75
12. ☐ + ☐ = 86   ☐ + ☐ = 86   ☐ + ☐ = 86

One Minute Speed Test   Score = total correct in one minute *exactly*

4 + 12 = ___   4 + 3 = ___   14 + 4 = ___   5 + 8 = ___
6 + 6 = ___   10 + 3 = ___   3 + 11 = ___   6 + 7 = ___
8 + 4 = ___   11 + 5 = ___   6 + 3 = ___   2 + 18 = ___
7 + 7 = ___   11 + 0 = ___   3 + 7 = ___   6 + 14 = ___
7 + 2 = ___   2 + 5 = ___   2 + 13 = ___   1 + 9 = ___
9 + 7 = ___   8 + 8 = ___   5 + 5 = ___   6 + 13 = ___

Find the missing number

Example

```
  1 7          1 7
  1 □ +        1 [3] +
  ─────        ─────
  3 0          3 0
```

1
```
  1 □          □ 6            □ 6
  2 5 +        1 5 +          1 2
  ─────        ─────          1 □ +
  4 0          3 1            ─────
                              5 9
```

2
```
  1 3          1 8            1 □ 6
  □ 6          1 □            1 3 □ +
  1 4 +        2 2 +          ─────
  ─────        ─────          3 2 8
  5 3          5 0
```

3
```
  2 1          2 6 □          1 □ 0 0
  □ □          □ 3 2 +        1 6 □ +       □
  1 1 +        ─────          ───────       9
  ─────        4 0 0          1 1 6 7
  4 5
```

One Minute Speed Test   Score = total correct in one minute *exactly*

5 + 5 = ___	4 + 3 = ___	2 + 18 = ___	7 + 2 = ___
11 + 0 = ___	2 + 5 = ___	10 + 3 = ___	5 + 8 = ___
4 + 12 = ___	3 + 7 = ___	6 + 13 = ___	8 + 8 = ___
9 + 7 = ___	7 + 7 = ___	8 + 4 = ___	14 + 4 = ___
3 + 11 = ___	11 + 5 = ___	6 + 7 = ___	9 + 3 = ___
6 + 14 = ___	6 + 6 = ___	1 + 9 = ___	2 + 13 = ___

13

Find the pattern. What number comes next?

Example

	2	4	6	8
1	6	9	12	
2	10	20	30	
3	7	14	21	
4	15	18	21	
5	11	22	33	
6	9	13	17	
7	13	19	25	
8	27	36	45	
9	15	15	15	
10	19	31	43	
11	0	50	100	
12	16	29	42	
13	100	200	300	

One Minute Speed Test   Score = total correct in one minute *exactly*

6 + 13 = ___
4 + 3 = ___
7 + 7 = ___
5 + 5 = ___
5 + 8 = ___
9 + 7 = ___

11 + 0 = ___
1 + 9 = ___
8 + 4 = ___
3 + 11 = ___
6 + 14 = ___
9 + 3 = ___

4 + 12 = ___
14 + 4 = ___
10 + 3 = ___
2 + 13 = ___
8 + 8 = ___
3 + 7 = ___

9 + 7 = ___
6 + 6 = ___
11 + 5 = ___
2 + 5 = ___
7 + 2 = ___
2 + 18 = ___

14

Think! There are easy ways of doing these!

Example

    1 + 2 + 3 = **6**   1 + 2 + 3 + 4 = **10**

1. 4 + 5 + 6 = ☐   4 + 5 + 6 + 7 = ☐
2. 11 + 12 + 13 = ☐   11 + 12 + 13 + 14 = ☐
3. 22 + 23 + 24 = ☐   22 + 23 + 24 + 25 = ☐
4. 2 + 4 + 6 = ☐   2 + 4 + 6 + 8 = ☐
5. 6 + 9 + 12 = ☐   6 + 9 + 12 + 15 = ☐
6. 31 + 32 + 33 = ☐   31 + 32 + 33 + 34 = ☐
7. 10 + 20 + 30 = ☐   10 + 20 + 30 + 40 = ☐
8. 72 + 73 + 74 = ☐   72 + 73 + 74 + 75 = ☐
9. 8 + 16 + 24 = ☐   8 + 16 + 24 + 32 = ☐
10. 14 + 21 + 28 = ☐   14 + 21 + 28 + 35 = ☐
11. 25 + 50 + 75 = ☐   25 + 50 + 75 + 100 = ☐
12. 2 + 5 + 9 = ☐   2 + 5 + 9 + 14 = ☐
13. 5 + 10 + 20 = ☐   5 + 10 + 20 + 40 = ☐ **26**

One Minute Speed Test   Score = total correct in one minute *exactly*

8 + 4 = ___   7 + 7 = ___   2 + 18 = ___   2 + 13 = ___
2 + 5 = ___   3 + 7 = ___   1 + 9 = ___   10 + 3 = ___
6 + 13 = ___   3 + 11 = ___   7 + 2 = ___   11 + 0 = ___
5 + 5 = ___   5 + 8 = ___   8 + 8 = ___   14 + 4 = ___
6 + 14 = ___   4 + 12 = ___   6 + 7 = ___   6 + 3 = ___
4 + 3 = ___   6 + 9 = ___   9 + 7 = ___   11 + 5 = ___

We have a *base ten* number system. If you add up a sum and get 10 or more in one column you have to transfer (carry) the 10 to the column on the left – where it becomes 1. But you could have a different number base – *base six*, for example.

Example

| BASE SIX | 15
12 +
31 | 14
15 +
33 | 11
15 +
30 | 13
14 +
31 |

1 BASE FIVE   12 / 13 + / 30   24 / 22 +   23 / 3 +   11 / 34 +

2 BASE SEVEN   15 / 23 + / 41   36 / 11 +   25 / 15 +   16 / 26 +

3 BASE EIGHT   27 / 12 + / 41   35 / 15 +   17 / 17 +   36 / 12 +

4 BASE NINE   18 / 12 + / 31   28 / 28 +   18 / 31 +   25 / 35 +

One Minute Speed Test

Score = total correct in one minute *exactly*

10 + 3 =
11 + 0 =
5 + 8 =
9 + 7 =
7 + 2 =
3 + 11 =

3 + 7 =
5 + 5 =
1 + 9 =
2 + 18 =
9 + 13 =
6 + 7 =

2 + 5 =
2 + 13 =
14 + 4 =
9 + 3 =
8 + 8 =
8 + 4 =

6 + 14 =
7 + 7 =
11 + 5 =
6 + 6 =
4 + 12 =
4 + 3 =

Calculator Test

This has to be 100% correct

1	2 703	+	3 412	+	1 001		=	
2	3 812	+	7 984	+	2 010		=	
3	8 110	+	6 429	+	3 482		=	
4	9 461	+	7 777	+	4 819		=	
5	10 019	+	12 388	+	10 099		=	
6	12 413	+	13 892	+	15 174		=	
7	11 748	+	14 361	+	12 999		=	
8	16 848	+	17 569	+	13 001		=	
9	22 222	+	25 070	+	23 429		=	
10	27 949	+	20 010	+	26 433		=	
11	29 901	+	22 777	+	25 821		=	
12	25 549	+	26 619	+	21 909		=	
13	274	+	101 423	+	97 + 16		=	
14	273 614	+	1 107	+	21 + 118		=	
15	590	+	12 403	+	375 614		=	
16	131 420	+	3 907	+	117 + 291		=	
17	4 259	+	17 843	+	299 999		=	
18	1 173 249	+	3 463 781				=	
19	3 298 179	+	7 981 207				=	
20	9 917 382	+	6 758 818				=	

TO BE DOUBLE-CHECKED BY THE PARENT
ASK THE CHILD TO READ OUT THE ANSWERS CORRECTLY
e.g. seven thousand, one hundred and sixteen (not 7-1-1-6).

Do a page a day and record your daily progress on the one-minute speed test

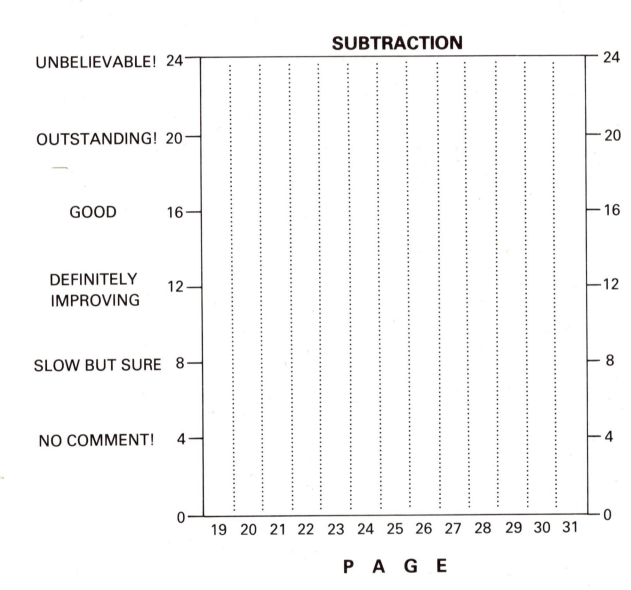

To the parent: The speed test must be timed *exactly* for one minute with a seconds hand or stop-watch.

To the child: Make a bar graph shading in your daily score: the number correct in one minute.

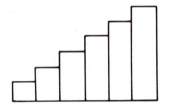

Example

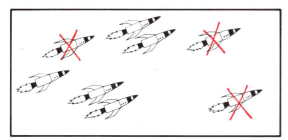

3 rockets crashed.
How many left?

= (5)

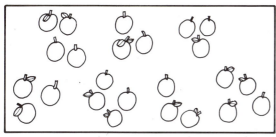

8 apples eaten.
How many left?

=

10 sheep lost.
How many left?

=

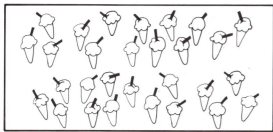

12 ice creams melted.
How many left?

=

One Minute Speed Test   Score = total correct in one minute *exactly*

19 − 10 =	14 − 5 =	18 − 8 =	15 − 3 =
16 − 5 =	20 − 10 =	15 − 5 =	14 − 3 =
11 − 6 =	9 − 3 =	16 − 8 =	7 − 2 =
14 − 14 =	12 − 2 =	8 − 7 =	9 − 5 =
12 − 6 =	17 − 9 =	10 − 5 =	14 − 7 =
5 − 3 =	13 − 8 =	15 − 7 =	8 − 2 =

Example

Take two away from each of these numbers:

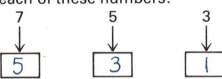

1. Take five away from each of these numbers:

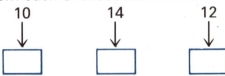

2. Take six away from each of these numbers:

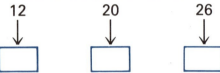

3. Take ten away from each of these numbers:

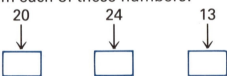

4. Take fifteen away from each of these numbers:

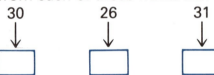

One Minute Speed Test Score = total correct in one minute *exactly*

14 − 7 =	13 − 8 =	12 − 2 =	19 − 10 =
17 − 9 =	20 − 10 =	9 − 3 =	10 − 5 =
14 − 5 =	8 − 2 =	15 − 5 =	15 − 7 =
16 − 8 =	9 − 5 =	14 − 3 =	15 − 3 =
11 − 9 =	7 − 2 =	18 − 8 =	16 − 5 =
12 − 9 =	5 − 3 =	14 − 14 =	8 − 7 =

Fill in the boxes to find the missing number

Example

? − 5 = 4   ? = [5] + [4] = [9]

1. ? − 5 = 7   ? = ☐ + ☐ = ☐
2. ? − 6 = 3   ? = ☐ + ☐ = ☐
3. ? − 7 = 12   ? = ☐ + ☐ = ☐
4. ? − 8 = 9   ? = ☐ + ☐ = ☐
5. ? − 12 = 1   ? = ☐ + ☐ = ☐
6. ? − 8 = 10   ? = ☐ + ☐ = ☐
7. ? − 3 = 21   ? = ☐ + ☐ = ☐
8. ? − 6 = 13   ? = ☐ + ☐ = ☐
9. ? − 5 = 11   ? = ☐ + ☐ = ☐
10. ? − 9 = 14   ? = ☐ + ☐ = ☐

☐ / 10

One Minute Speed Test Score = total correct in one minute *exactly*

14 − 7 = ___   13 − 8 = ___   15 − 5 = ___   9 − 5 = ___
15 − 7 = ___   7 − 2 = ___   20 − 10 = ___ 16 − 8 = ___
14 − 14 = ___ 5 − 3 = ___   8 − 7 = ___   16 − 5 = ___
17 − 9 = ___   14 − 5 = ___   9 − 3 = ___   12 − 2 = ___
18 − 8 = ___   10 − 5 = ___   15 − 3 = ___   8 − 2 = ___
14 − 3 = ___   11 − 6 = ___   19 − 10 = ___ 12 − 6 = ___

How many do you have to subtract from the larger number to make the balance equal?

Example

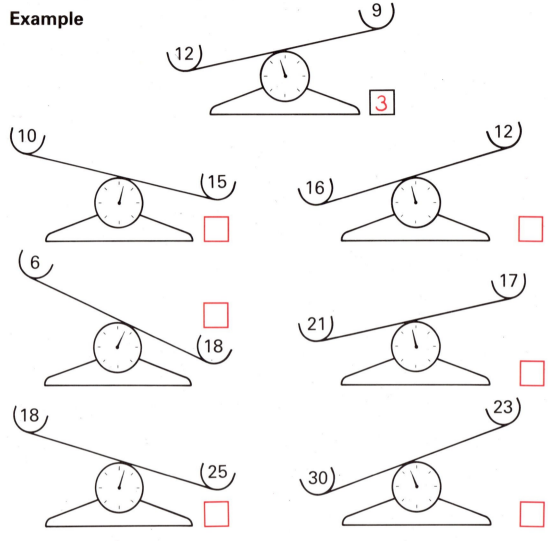

One Minute Speed Test   Score = total correct in one minute *exactly*

15 − 7 =	10 − 5 =	8 − 2 =	13 − 8 =
7 − 2 =	20 − 10 =	15 − 3 =	16 − 5 =
8 − 7 =	17 − 9 =	5 − 3 =	9 − 5 =
9 − 3 =	14 − 3 =	11 − 9 =	12 − 6 =
15 − 5 =	14 − 5 =	16 − 8 =	14 − 14 =
12 − 2 =	19 − 10 =	18 − 8 =	14 − 7 =

24

Example

	11	−	3	=	8	12 − **4** = 8

1. ☐ − 6 = 9   15 − ☐ = 9
2. ☐ − 5 = 10   17 − ☐ = 10
3. ☐ − 7 = 12   20 − ☐ = 12
4. ☐ − 6 = 14   22 − ☐ = 14
5. ☐ − 9 = 18   27 − ☐ = 18
6. ☐ − 10 = 20   23 − ☐ = 20
7. ☐ − 8 = 24   30 − ☐ = 24
8. ☐ − 9 = 25   32 − ☐ = 25
9. ☐ − 10 = 27   35 − ☐ = 27
10. ☐ − 12 = 30   36 − ☐ = 30
11. ☐ − 15 = 32   40 − ☐ = 32
12. ☐ − 20 = 40   52 − ☐ = 40

☐
24

One Minute Speed Test

Score = total correct in one minute *exactly*

20 − 10 = ___	17 − 9 = ___	8 − 2 = ___	12 − 6 = ___
11 − 6 = ___	7 − 2 = ___	13 − 8 = ___	18 − 8 = ___
8 − 7 = ___	15 − 7 = ___	14 − 7 = ___	15 − 3 = ___
16 − 8 = ___	14 − 3 = ___	15 − 5 = ___	12 − 2 = ___
5 − 3 = ___	10 − 5 = ___	14 − 5 = ___	16 − 5 = ___
9 − 3 = ___	19 − 10 = ___	9 − 5 = ___	14 − 14 = ___

Example

	a	b	c	d
A	3			1
B			2	
C	5			
D				6

The five numbers in this grid add up to: 17

If Ad and Ca are deleted what number is left? 11

The five numbers in this grid add up to: ☐

If Bb and Cd are deleted what number is left? ☐

	a	b	c	d
A			3	
B		7		
C	2			5
D		4		

	a	b	c	d
A	2			4
B		6		
C	3			1
D		4		2

The seven numbers in this grid add up to: ☐

If Ca and Db are deleted what number is left? ☐

One Minute Speed Test   Score = total correct in one minute *exactly*

14 − 5 =	9 − 3 =	14 − 7 =	15 − 5 =
8 − 2 =	20 − 10 =	16 − 5 =	17 − 9 =
9 − 5 =	15 − 3 =	11 − 6 =	12 − 6 =
10 − 5 =	19 − 10 =	5 − 3 =	16 − 8 =
8 − 7 =	14 − 14 =	15 − 7 =	18 − 8 =
14 − 3 =	12 − 2 =	7 − 2 =	13 − 8 =

24

There are two ways of doing subtraction sums when they are set out vertically and borrowing is involved:

Equal addition — where you add ten to the top and one to the bottom of the column on the left

```
  1 8 ¹3
    7₁8 −
  1 0 5
```

Decomposition — where you borrow a ten from the left hand column

```
  1 ⁷8̸ ¹3
      7 8 −
  1 0 5
```

Most schools now teach the second method – decomposition

Practice sums

1.
```
  6 5       5 3       2 6       4 1
  3 7 −     1 4 −     1 8 −     1 5 −
  ___       ___       ___       ___
```

2.
```
  7 2       5 5       1 4 2     1 6 6
  2 6 −     3 7 −       4 4 −     8 8 −    ☐
  ___       ___       _____     _____     8
```

One Minute Speed Test   Score = total correct in one minute *exactly*

9 − 5 =	8 − 7 =	17 − 9 =	14 − 7 =
18 − 8 =	14 − 5 =	16 − 8 =	7 − 2 =
13 − 8 =	8 − 2 =	14 − 14 =	9 − 3 =
15 − 5 =	15 − 3 =	20 − 10 =	12 − 2 =
5 − 3 =	10 − 5 =	14 − 3 =	16 − 5 =
12 − 9 =	19 − 10 =	11 − 6 =	15 − 7 =

Find the pattern. What number comes next?

Example

	10	8	6	4
1	15	10	5	
2	18	15	12	
3	28	21	14	
4	30	27	24	
5	30	24	18	
6	45	36	27	
7	60	50	40	
8	75	60	45	
9	80	72	64	
10	99	88	77	
11	144	132	120	
12	200	150	100	
13	404	303	202	
14	300	225	150	

One Minute Speed Test   Score = total correct in one minute *exactly*

11 − 6 =	15 − 5 =	16 − 5 =	14 − 14 =
9 − 3 =	14 − 7 =	18 − 8 =	10 − 5 =
14 − 3 =	5 − 3 =	7 − 2 =	13 − 8 =
20 − 10 =	9 − 5 =	17 − 9 =	14 − 5 =
8 − 2 =	16 − 8 =	15 − 3 =	19 − 10 =
8 − 7 =	12 − 6 =	12 − 2 =	15 − 7 =

Take away *half* of these numbers
Example

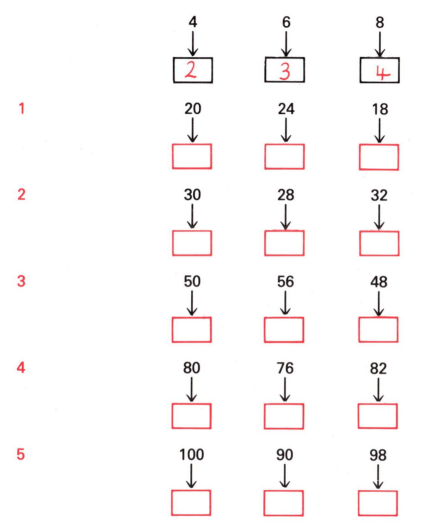

One Minute Speed Test   Score = total correct in one minute *exactly*

10 − 5 =	8 − 7 =	20 − 10 =	15 − 5 =
19 − 10 =	9 − 5 =	16 − 8 =	12 − 2 =
15 − 7 =	14 − 5 =	7 − 2 =	12 − 6 =
8 − 2 =	14 − 14 =	9 − 3 =	17 − 9 =
18 − 8 =	14 − 3 =	15 − 3 =	5 − 3 =
16 − 5 =	11 − 6 =	14 − 7 =	13 − 8 =

Example

Count back five from these numbers:

16 → 11   20 → 15

1. Count back seven from these numbers:

   20 → ☐   18 → ☐

2. Count back eight from these numbers:

   22 → ☐   19 → ☐

3. Count back four from these numbers:

   92 → ☐   101 → ☐

4. Count back five from these numbers:

   83 → ☐   103 → ☐

5. Count back six from these numbers:

   75 → ☐   113 → ☐

6. Count back seven from these numbers:

   95 → ☐   125 → ☐

One Minute Speed Test   Score = total correct in one minute *exactly*

13 − 8 = ___	15 − 5 = ___	8 − 2 = ___	12 − 6 = ___
9 − 5 = ___	20 − 10 = ___	14 − 14 = ___	11 − 6 = ___
9 − 3 = ___	19 − 10 = ___	15 − 7 = ___	8 − 7 = ___
7 − 2 = ___	14 − 7 = ___	12 − 2 = ___	10 − 5 = ___
5 − 3 = ___	16 − 8 = ___	14 − 5 = ___	14 − 3 = ___
15 − 3 = ___	17 − 9 = ___	16 − 5 = ___	18 − 8 = ___

24

When the number you are taking away is bigger than the number you are taking from, the answer is a *negative number* (say 'minus one', etc.)

Example

$$7 - 8 = \boxed{-1} \qquad 8 - 10 = \boxed{-2}$$

1.   6 − 10 = ☐   7 − 12 = ☐

2.   8 − 11 = ☐   8 − 15 = ☐

3.   10 − 20 = ☐   11 − 19 = ☐

4.   12 − 21 = ☐   13 − 30 = ☐

5.   15 − 24 = ☐   16 − 32 = ☐

6.   20 − 30 = ☐   21 − 28 = ☐

7.   25 − 40 = ☐   28 − 48 = ☐

8.   30 − 31 = ☐   32 − 53 = ☐

☐ / 16

One Minute Speed Test   Score = total correct in one minute *exactly*

16 − 8 = ___	17 − 9 = ___	11 − 6 = ___	13 − 8 = ___
20 − 10 = ___	9 − 5 = ___	10 − 5 = ___	16 − 5 = ___
12 − 2 = ___	14 − 7 = ___	18 − 8 = ___	14 − 5 = ___
8 − 7 = ___	15 − 7 = ___	8 − 2 = ___	12 − 6 = ___
5 − 3 = ___	15 − 5 = ___	15 − 3 = ___	14 − 3 = ___
7 − 2 = ___	19 − 10 = ___	14 − 14 = ___	9 − 3 = ___

Find the missing number

Example

```
  2 5        2 5
  1 □  –     1 [2] –
  ───        ───
  1 3        1 3
```

1.
```
  2 9              3 □
  1 □  –           2 0  –
  ───              ───
  1 6              1 6
```

2.
```
  6 □              □ 0
  3 7  –           1 8  –
  ───              ───
  2 6              5 2
```

3.
```
  1 □ 6            2 7 □
    7 □  –           □ 5  –
  ─────            ─────
  1 1 2            2 4 4
```

4.
```
  3 □ 5            □ 5 8
  □ 2 4  –         3 □ 9  –
  ─────            ─────
  2 6 1            3 2 9
```

One Minute Speed Test

Score = total correct in one minute *exactly*

16 – 8 = ___	8 – 7 = ___	11 – 6 = ___	7 – 2 = ___
19 – 10 = ___	15 – 7 = ___	9 – 5 = ___	16 – 5 = ___
9 – 3 = ___	14 – 3 = ___	15 – 5 = ___	15 – 3 = ___
10 – 5 = ___	12 – 2 = ___	14 – 5 = ___	14 – 7 = ___
5 – 3 = ___	18 – 8 = ___	20 – 10 = ___	12 – 6 = ___
13 – 8 = ___	17 – 9 = ___	14 – 14 = ___	8 – 2 = ___

Example

Add this set of numbers together:

    7   5   4   8   = **24**

Subtract all odd numbers   = **12**

1   Add this set of numbers together:

    12   5   7   6   = ☐

Subtract all even numbers   = ☐

2   Add this set of numbers together:

    13   8   7   11   = ☐

Subtract all numbers over 10   = ☐

3   Add this set of numbers together:

    14   7   3   8   = ☐

Subtract all numbers less than 10   = ☐

4   Add this set of numbers together:

    15   7   10   9   = ☐

Subtract all numbers that can be divided by 5   = ☐

              ☐ / 8

One Minute Speed Test

Score = total correct in one minute *exactly*

14 − 7 = ___   16 − 5 = ___   13 − 8 = ___   12 − 2 = ___

9 − 3 = ___   16 − 8 = ___   14 − 3 = ___   20 − 10 = ___

8 − 2 = ___   18 − 8 = ___   9 − 5 = ___   11 − 6 = ___

14 − 5 = ___   15 − 3 = ___   19 − 10 = ___   8 − 7 = ___

5 − 3 = ___   14 − 14 = ___   15 − 7 = ___   7 − 2 = ___

15 − 5 = ___   17 − 9 = ___   10 − 5 = ___   12 − 6 = ___

Calculator Test

This has to be 100% correct

1	7 348	−	2 973	=	
2	5 999	−	4 128	=	
3	8 747	−	3 929	=	
4	9 301	−	6 472	=	
5	11 948	−	9 829	=	
6	15 772	−	6 483	=	
7	17 010	−	11 358	=	
8	19 748	−	14 893	=	
9	23 631	−	18 742	=	
10	26 099	−	21 347	=	
11	29 354	−	7 651	=	
12	28 001	−	23 009	=	
13	354 683	−	128 241	=	
14	765 337	−	256 498	=	
15	931 391	−	465 564	=	
16	999 999	−	16 387	=	
17	4 354 010	−	2 734 351	=	
18	6 017 012	−	4 387 070	=	
19	7 343 292	−	2 621 147	=	
20	8 973 309	−	278 942	=	

TO BE DOUBLE-CHECKED BY THE PARENT
ASK THE CHILD TO READ OUT THE ANSWERS CORRECTLY
e.g. ten thousand, four hundred and seven (not 1-0-4-0-7)